Juntos solos: un análisis de las familias migrantes a través de la soledad

Christians Luis Morfa Manreza

Bachelor's Thesis

[June 2023]

Universidad Autónoma de Madrid

Supervisor: Liliana Suárez Navaz

Juntos solos: un análisis de las familias migrantes a través de la soledad

Christians Luis Morfa Manreza

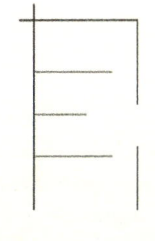

Ápeiron Ediciones

First Edition by Faber & Sapiens,
an imprint of Ápeiron Ediciones,
in 2024

Text copyright © Christians Luis Morfa Manreza

© Faber & Sapiens
© Ápeiron Ediciones
C/ Príncipe de Vergara, n.º 132, planta 9
28002 Madrid
Tfno. (+34) 637 10 99 20
E-mail: info@faberandsapiens.com
http: www.faberandsapiens.com

Design and layout: Ápeiron Ediciones

ISBN: 978-84-128711-1-1
DL: M-13884-2024

AGRADECIMIENTOS

Agradecimientos a mi querida familia tanto en casa como en "casa". La que tengo aquí y la que está esparcida alrededor del mundo, tanto en Miami, como en España y Cuba, por todo el apoyo y el cariño. Especialmente a mis amados padres por ser los mejores. A mis queridos amigos de toda la vida y a los nuevos que he tenido la gracia de conocer y que hacen que mi vida sea más divertida e interesante. Y, por último, pero no menos importante a mi querida tutora por toda la ayuda y consejos, además de por ser una gran profesora y mentora.

Resumen

La soledad en antropología es un área que se está empezando a estudiar, sin embargo, la gran mayoría de aportes en el tema vienen desde disciplinas como la psicología, la sociología o la medicina. Si bien es un tema en auge, el principal interés de este trabajo es relacionarlo y explorar el uso que la soledad como una categoría analítica relacional puede brindar en campos como la migración y las familias transnacionales. No solo alejándonos de concepciones puramente individualistas del término, sino también viendo hasta donde podemos estirar la conceptualización de la soledad para imbricarla en los estudios de migraciones y parentesco. Realizando una critica sobre ciertas nociones de parentesco y de la literatura sobre la familia, pretendo relacionar ambos campos a partir de tanto mis experiencias como las de mi familia.

Palabras clave: Parentesco, familia, familia transnacional, soledad relacional, soledad interaccional, migrantes, migración, celebraciones.

Abstract

Loneliness in anthropology is an area that is just beginning to be studied, however, the vast majority of contributions on the subject come from disciplines such as psychology, sociology or medicine. Although it is a growing topic, the main interest of this paper is to relate it and explore the use that loneliness as a relational analytical category can provide in fields such as migration and transnational families. Not only moving away from purely individualistic conceptions of the term, but also seeing how far we can stretch the conceptualization of loneliness to imbricate it in migration and kinship studies. By critiquing certain notions of kinship and the literature on family, I intend to relate both fields based on my own and my family's experiences.

Key words: Kinship, family, transnational family, relational loneliness, interactional loneliness, migrants, migration, celebrations.

CONTENTS

Objeto de estudio, objetivo genera y específicos

El objeto de estudio de mi trabajo es la soledad de la familia transnacional. Siendo mi objetivo principal que establezco en este trabajo es entender a partir de mis experiencias personales y las de mí familia como la soledad es un factor clave de nuestra vida como familia transnacional.

Algunos de los objetivos específicos son: Tratar la soledad como una categoría analítica y relacional útil para el examen crítico de la construcción de la familia y la familia transnacional; visibilizar a todos los actores sociales que conforman la familia; analizar problemáticas de la vida migrante a través de la soledad; problematizar el concepto de familia nuclear y familia extendida; estudiar como la interseccionalidad juega un papel en la construcción de la familia; resaltar el papel de las festividades y el contacto con la familia como formas de combatir la soledad; y (re)pensar la soledad más allá del individuo para con el grupo.

Marco teórico

Este trabajo se enmarca en la crítica decolonial de ciertas concepciones sobre los estudios de parentesco, transnacionales y conceptuales sobre la soledad. A partir, de la literatura del parentesco pretendo realizar una crítica a la vez que sentar las bases sobre que podemos y entiendo a nivel personal como familia y familia transnacional. Recordando el papel de algunas figuras como los tíos, primos y sobrinos que muchas veces se dejan fueran. Por otro lado, la literatura del parentesco sirve para recalcar que se entiende por familia y que no a la hora de realizar las migraciones u optar a la reagrupación.

Por otro lado, a partir de la sociología y ciertas áreas en auge de la antropología, analizo la idea de soledad y como se puede usar o se usa actualmente. La literatura sociológica de la soledad me permite ver su enfoque más analítico y relacional, por el contrario, en la literatura antropológica sobre la soledad se recalca como un concepto amplio y poco definible en cuanto a las subjetividades y como la experimentan los sujetos.

Literatura sobre las conexiones, redes de apoyo, celebraciones y eventos también se ha utilizado para explorar dentro de los temas sobre la conectividad familiar y como dichos lazos se establecen. También se ha hecho uso y explorada literatura sobre la vida y las familias transnacionales desde aspectos tan diversos como los sentimientos de perdida, el uso de nuevas tecnologías o sobre sus diversas redes de apoyo. Por último, se han explorado artículo sobre cómo realizar auto-etnografía para comprender cual es la mejor manera de enfocar mis propias experiencias personales.

En general, la soledad como algo que puede sentirse en grupo o en conjunto es nula o escasa, habiendo encontrado al menos un pequeño articulo sobre el tema centrándose en profesores, si bien algo útil, los sentimientos de soledad suelen explorarse en la literatura transnacional como algo individual y que se refiero principalmente a padres o hijos que se separan.

Entonces la falta de una bibliografía clara que seguir me ha hecho enfocar el trabajo en base a unir todo este conjunto de literatura y enfocarlas en base a mis experiencias personales mediante un enfoque auto-etnográfico.

Metodología

Este trabajo se ha realizado de forma casi enteramente teórico a través del análisis y lectura de diversos textos en relación al tema. A través de páginas como JSTOR, ResearchGate, Taylor and Francis online u otras páginas de artículos académicos, he ido seleccionando las lecturas. Como he explicado en el marco teórico se han seguido distintas líneas de investigación con respecto a diversas temáticas que he ido relacionando a lo largo del trabajo, imbricando la soledad como el tema que liga a todas. La soledad, por tanto, siendo el tema principal del trabajo se ve en cada uno de los temas que tratamos.

Hubiera sido deseable tener un enfoque más práctico, sin embargo, debido a la naturaleza auto-etnográfica del trabajo en parte también hubiera sido contraproducente hacer un enfoque en otros sujetos.

La importancia de hacer el trabajo desde la auto-etnografía radica que en no solo son situaciones vividas de primera mano, sino que son situaciones que sigo viviendo junto a mi familia. Buscar respuestas al por qué a la vez que sirven para ejemplificar los enfoques teóricos del trabajo. En definitiva, el trabajo se ha realizado enteramente a partir del análisis de textos y situaciones personales.

Introducción

"Una soledad tremenda se cierne sobre ti,
todos en el mundo están haciendo algo sin ti".
Disco Elysium

La soledad en las personas migrantes es un tema bastante tratado, la separación familiar por cuestiones migratorias es un hecho que acontece a muchas personas a lo largo del mundo. Pero, este tema siempre se trata desde una perspectiva individualista, es decir, la soledad sentida por los distintos miembros de la familia es el tema principal. Sin embargo, no se conceptualiza la soledad como algo sentido en conjunto, sino que se entiende que la soledad es siempre sentida individualmente más que conjuntamente. Cuando un núcleo de la familia migrante se separa del resto en el país de destino pierden parcial o totalmente contacto con el resto de la familia o de sus redes sociales, es decir, se quedan en completa o parcialmente solos.

Al entender la soledad como algo individual concretamente en la situación que muchos migrantes experimentan al viajar por situaciones de necesidad en solitario dejando sus familias atrás, necesitamos entender que sucede en las siguientes fases de la migración. Cuando un núcleo de la familia se reúne, desde hijos a padres e incluso abuelos, necesitamos visualizar a quienes se dejan atrás, muchas veces tíos, primos y abuelos son dejados en los países de residencia y el contacto con ellos se vuelve complicado o imposible. Si bien los medios tecnológicos de comunicación han solventado en parte las dificultades para dicha comunicación, la perdida de contacto en la cotidianeidad sigue estando enormemente presente, además de teniendo en cuanta las diferentes situaciones para establecer contacto, desde horas de trabajo hasta diferencias horarias.

Por tanto, lo que se pretende en este trabajo es reconceptualizar lo forma en que entendemos por familias migrantes transnacionales a partir de la soledad y como esta funciona en sus vidas diarias. Muchos trabajos parecen darse por satisfechos a la hora de conceptualizar a las familias migrantes. Dándose casi por hecho que las personas que conforman dicha familia son meramente padres-madres, hijos y abuelos-abuelas, e incluso simplemente dándose por satisfechos con padres-madres e hijos. La falta de muchos trabajos por ir más allá de la unidad más básica de lo que occidentalmente entendemos por familia es enormemente preocupante, puesto que parece que muchas veces el conflicto de la migración se resuelve y da por satisfecho por la mera reunión de padres-madres con los hijos. Ir más allá a la hora de entender las familias migrantes transnacionales incluyendo a todos sus actores en el plano general de lo que entendemos por ''familia''.

Con lo dicho anteriormente, otra parte fundamental del trabajo es entender la soledad como una categoría analítica con una carga sentimental que nos permita empatizar y entender las problemáticas clave que rodean a las familias migrantes en los países de destino: desde la falta de redes de apoyo, la alienación social, el racismo social e institucional o dificultades económicas y laborales. Usando la soledad no solo como una categoría, sino también exponiéndola como una posible realidad que viven muchas familias transnacionales.

Esta realidad la examínanos a partir del estudio de las realidades que viven las familias transnacionales en el plano familiar, enfocándonos en la función que tienen ciertos eventos sociales como las celebraciones o fiestas.

Este trabajo vivencias personales que iré tratando mediante la auto-etnográfica, por tanto, tiene una gran importancia personal y vital como persona migrante el exponer una realidad que a menudo se expone de forma cruelmente académica en el mundo de la antropología.

Por tanto, si bien el trabajo no intenta ser de ninguna forma objetivo, se intentarán proponer la soledad como una herramienta teórica útil a la hora de hablar de las vidas y realidades migrantes.

CAPÍTULO 1

I. Conceptualizando las soledades

Solitude

La soledad es un concepto que es español acoge diversas formas de conceptualizarla, pero que debido a la singularidad de la palabra no se distinguen sus distintas facetas. En inglés en cambio, podemos distinguir al menos 5 formas de concebir la soledad: ''Solitude'', ''isolation'', ''loneliness'' y ''alienation''(Koch, 1990). Cada una se conceptualizar de una forma diferente, sirviendo como categorías analíticas que nos permiten entender cómo se expresa la soledad en sus distintas formas. Primeramente, entendiendo la soledad como ''solitude'', esta es su forma más filosófica e individual, expresándose como una forma intima de estar solos en la vida de las personas. Es decir, primero la soledad como ''solitude'' es una deseada, celebrada y sobre todo elegida. Debemos entonces entender este tipo de soledad desde la idea de privacidad y descanso en solitario de las relaciones y actividades sociales. Aquí la soledad que premia es la interaccional, mientras que la relacional sigue funcionando en segundo plano[1] (Diekema, 1992). La soledad relacional entonces en forma de ''solitude'' se mantienen mientras el actor

---

[1] Hablamos de soledad relacional en cuanto al status de las relaciones que los distintos actores mantienen entre ellos a largo o corto plazo. Por otro lado, soledad interaccional hace referencia al momento concreto donde se dan dichas relaciones sociales, es decir, la interacción inmediata entre actores sociales.

"descansa" o busca cierta privacidad, pero no son cortadas ni negadas, mientras que la soledad interaccional es totalmente cortada voluntaria o involuntariamente por parte de los distintos actores. Pero, esta soledad se entiende como algo positivo y las posibles consecuencias negativas que puedan surgir no son inherentes a esta forma de expresar la soledad. "Solitude" como categoría analítica para expresar este tipo de soledad nos resulta inútil, pues su carácter individual, voluntario y privado no nos resulta útil para el tema que tratamos.

Loneliness

La soledad entendida como "loneliness" se configura a través de un sentimiento de desagrado por desear algún tipo de interacción con otros. Sin embargo, no se trata de un sentimiento tan potente como el de otras formas de soledad, sino que es uno más vago o tibio, siempre teniendo la idea de que de alguna manera el puente que existe entre la soledad o el contacto con el otro puede ser posible (Diekema, 1992).

Isolation o aislamiento

Por otro lado, la soledad o "isolation" es producto de la incapacidad que se tiene para superar la brecha que existe entre esa sensación de soledad y el posible contacto social (Diekema, 1992). La interacción inmediata y relacional con los otros se siente como imposible, como una brecha insuperable, cosa que puede percibirse en muchas personas que se encuentran en contextos migratorios. Esta forma de concebir la soledad es una siempre construida debido al otro, nos sentimos aislados porque el otro no desea formar una conexión con nosotros, y debido a eso, nosotros nos vemos incapaces de formar esa conexión con el otro. En definitiva, el aislamiento se refiere principalmente al acto o hecho de estar solo y aislado por los demás, sin incluir ninguna sentimiento positivo o negativo de este hecho.

Alienation o alienación

Por último, ''alienation'' o alienación se comprende juntando la sensación negativa producida por la ''loneliness'' con el sentimiento de brecha insuperable de ''isolation'', pero incluyéndose como nuevo elemento la falta de relación con el otro que no está. Ya sea por muerte o migración, es decir, con la separación física entre dos personas (Diekema, 1992). En definitiva, esta soledad combina la sensación negativa y deseo de estar con el otro de ''loneliness'' con la incapacidad de hacerlo por los distintos contextos por los cuales se dan al igual que en el aislamiento.

Escapismo

Este tipo de soledad se concibe como la impuesta sobre uno mismo, en ella solo uno mismo es quién toma la decisión sin coerción de los demás de aislarse. Por ejemplo, el alcoholismo y la drogadicción son en muchos casos una adaptación solitaria; la "patada", es una experiencia privada (Finestone 1957 como se citó en Diekema, 1992). Por tanto, este tipo de soledad se ve a través de ciertas actividades que nos pueden ayudar a escapar de nuestra realidad o de evadirla como las drogas, el alcohol, las apuestas o videojuegos, por ejemplo. Esta concepción de la soledad es una apuesta en solitario donde incluso si se debe a ciertas presiones sociales o hechos que se dan dentro de la acción social, tenemos que considerarla como una decisión individual de escapar o disociar de la realidad, siendo como dice Diekema, 1992 una fantasía que involucra la suspensión temporal del pasado y futuro compartido con los otros[2].

Privacidad

Ésta se concibe como una forma de retiro temporal mutuamente aceptado entre las partes. Los vínculos sociales a diferencia del escapismo no se suspenden de forma abrupta, sino que como algo que se acepta por ambas partes, se mantienen dichos vínculos sociales intactos y permiten a la parte que desea dicha privacidad, un espacio propio donde permanecer y estar hasta cuando lo desee para lo que necesite.

Qué categorías usar

Hemos definido los tipos de soledad más comunes y en mi opinión importantes, cosa necesaria para entender que la soledad no tiene una sola cara ni una sola definición ni una sola forma de concebirla. Sino que tiene una gran cantidad de matices y se construyen de formas diferentes dependiendo de cómo se den las relaciones sociales.

Por lo general, en las definiciones que hemos visto, casi todas tienen un carácter enormemente individual y siempre para los otros. Sin embargo, concebir la soledad como algo meramente individual no es nuestro objetivo principal, aunque si nos vendrá bien. Si no, concebir la soledad como algo grupal y que pueden sentir varias personas a la vez, aunque sea de forma diferente. En este caso nos resultarán especialmente útiles las siguientes concepciones: la soledad como aislamiento

---

[2] Diekema usa los conceptos de pasado y futuro para referirse a la dimensión temporal de las relaciones sociales personales que tenemos. Al pasado se refiere a los hechos compartidos, mientras que con el futuro se refiere a las prospecciones de continuar dichas relaciones.

debido a esa ruptura social que no parece o puede recuperarse; y, la alienación por su sensación negativa y deseo de establecer vínculos a la vez que por su incapacidad por superar la brecha que se encuentra entre ellos y dichos vínculos.

Algunos términos están tanto en inglés como en español o solo en uno de los dos, esto es debido a que en algunos casos el término que encarnan mejor esas distintas formas de sentir y experimentar la soledad, a la vez que especifican las distintas tomas o motivos que han llevado a la persona a experimentar dicha soledad.

Sin embargo, esto son solo términos, y como términos que son no encierran la totalidad de las experiencias de las soledades. Por ende, a partir de dichos términos expandiremos su universo para que encaje y pueda explicar el que nosotros necesitamos explicar. Dichos términos están culturalmente encerrados en lo que nosotros entendemos por soledad, y si bien son suficientemente amplios para que podamos usarlos, necesitamos concretar en que contextos estas soledades adquieren distintos y nuevos significados a la vez que lo explicamos.

La soledad está directamente vinculada a prácticas sociales y lugares, las cuales a la vez están imbricadas en contextos políticos, económicos, violencias estructurales, y expectativas de género, raza y edad (Ozawa-de Silva and Michelle Parsons, 2020). En algunos contextos la soledad no significa solo que el espacio social al que uno pertenece le haya rechazado o necesite un descanso de éste, sino que como explicitan los términos de aislamiento y alienación, puede deberse a la separación forzada por migración o por muerte de un ser querido. La soledad debe contextualizarse culturalmente, puesto que, si estos términos nos permiten un enfoque más generalista, entender que significa la soledad para una persona mexicana o francesa nos requiere comprender sus historias y contextos. Pike and Crocker (2020) según citados en Ozawa-de Silva and Michelle Parsons, (2020) hablan de la soledad entre personas desplazadas, concretamente personas mexicanas que al estar separadas de sus familias no pueden participar en las redes de su comunidad ni disfrutar de afecto o participar en los eventos relevantes. Su soledad es producto de la violencia estructural y de las expectativas culturales.

La soledad es producto de circunstancias personales, estructuras o contextos y expectativas culturales, por tanto, para entender lo que cada persona o grupos sienten y conciben por soledad, debemos contextualizar dicha soledad a partir de sus distintos universos. Pues como bien dicen las autoras Ozawa-de Silva and Michelle Parsons, (2020), realizar una antropología de la soledad es a la vez realizar una antropología de las subjetividades. Puesto que, si nos encerramos meramente en las útiles, pero limitadas definiciones expuestas, corremos el riesgo de no entender que están sintiendo las personas por encasillarnos en definiciones que claramente varían cultural, económica y políticamente.

Por último, es importante recalcar que el enfoque del trabajo en cuanto a la soledad es desde uno antropológico y sociológico, evitando divagaciones filosóficas o diagnósticos médicos y psicológico sobre sus efectos en el cuerpo y mente de las personas.

II. La soledad como categoría analítica y relacional

David A. Diekema en su artículo "Aloneness and social form" de 1992 examina el tema de la soledad y como esta puede desarrollarse como un concepto sociológico y relacional. En su artículo examina tres formas diferentes de estar solo: "Isolation" como forma impuesta de soledad por el otro; la soledad construida mutuamente la cual ejemplifica con la privacidad y la "solitude"; y finalmente, la soledad impuesta por uno mismo sin el otro ejemplificada en el espacio (Diekema, 1992).

En la soledad se presentan dos niveles que se reconocen a partir de la temporalidad de las relaciones humanas, siendo estos los niveles interaccionales y relacional. El nivel interaccional de la soledad comprende la acción y la presente/momentaneidad de la actividad social. Por otro lado, el nivel relacional comprende las relaciones que se construyen dentro de un marco temporal del pasado y el futuro. (Couch 1984, p. 2 y Weiland 1 975 como se citó en Diekema, 1992) Afirmando por ejemplo que: "Como implica esta discusión, entonces, uno puede estar solo relacionalmente sin estar interaccionalmente solo. Uno puede tener un contacto muy trivial con los demás (dependientes de supermercados, empleados de gasolineras, etc.) y seguir estando solo en relación." (Diekema, 1992)".

Estos dos niveles nos ayudan a comprender como la soledad funciona en sus distintos aspectos, desde el contacto más cotidiano dentro de las interacciones del campo social hasta las relaciones más o menos profundas y personales en la vida de las personas. Ambos niveles tienen una importancia significativa a la hora de mantener nuestras relaciones con nuestros seres queridos, es decir, no solo concebir nuestras relaciones desde la perspectiva temporal reconociendo el pasado y futuros compartidos. Sino también, las interacciones más cotidianas y básicas en las relaciones sociales, desde verlos al salir de casa o al llegar hasta compartir una comida juntos.

En la vida familiar y sobre todo en la vida transnacional, estas categorías nos permiten comprender como la soledad se imbrica en la vida de aquellos que tienen a sus familiares lejos de ellos. Dichos niveles de la soledad enfocan a los aspectos fundamentales de nuestras relaciones familiares, la interacción social más elemental compartiendo espacio y las relaciones que se mantienen a lo largo de un pasado y futuro comunes y compartidos.

Por ende, usaremos esta concepción de la soledad como una categoría relacional que nos ayudará a configurar y entender las relaciones sociales familiares. Desde los aspectos más fundamentales como la cotidianeidad e interacciones hasta los más sentimentales de las relaciones en el tiempo. Considerando entonces, a partir de la soledad como categoría analítica y relacional, dos conceptos fundamentales, el tiempo y el espacio. La temporalidad de las relaciones familiares nos da una perspectiva de cómo y cuándo se han dado, es decir, conocemos a nuestros familiares en distintos momentos de nuestra vida, no siempre están presentes desde el momento que en nacemos. Por otro lado, el lugar donde se dan puede estar lejos o pueden estar a la vuelta de la esquina, situar a la familia al igual que darles una temporalidad, nos permite situar esas relaciones en un cuándo y en un dónde.

La temporalidad de la cual Diekema, 1992 habla se refiere a como concebimos nuestras relaciones personales y que prospecciones tenemos con ellas. El autor hace uso de los conceptos de pasado y futuro para limitar la temporalidad de las relaciones a tanto aquello que ha pasado en ellas como aquello que podría o no podría pasar. Esta necesidad de hablar de pasado y futuro en las relaciones sociales más personales se debe nuestro pasado compartido nos vincula a los otros y nos sitúa en ese reconocimiento mutuo de aquello que se comparte, mientras que el futuro es necesario concebirlo a partir de que esperanzas o ideas tenemos para dicha relación. ¿Nos vemos compartiendo a pesar de nuestro pasado un futuro juntos, y sí es así, que clase de futuro? Diekema, 1992 entonces hace un uso muy inteligente de ambos conceptos para analizar la dimensión temporal de las relaciones sociales ya que no existe otra forma de analizar las relaciones sociales personales más que aquello que se ha compartido y aquello que se puede compartir, es decir, la durabilidad de las relaciones.

En definitiva, los niveles de la soledad son una categoría relacional útil que nos permitirá a lo largo del trabajo situar los momentos de estar solo, porque estos momentos se dan en un espacio y lugar determinados, que según quiero ir desarrollando durante el trabajo son aquellos momentos donde estamos lejos de nuestra familia ósea de nuestros seres queridos, pero dichos momentos no se dan constantemente ni tampoco de repente. Dichos momentos se dan circunstancialmente dependiendo del momento del año, dentro de nuestros momentos cotidianos, a la hora que necesitamos ayuda o apoyo emocional…etc.

La intención que tenemos durante el trabajo para el uso de soledad no es meramente como catalizador de ciertos sentimientos o emociones que las personas migrantes sientan en la falta o anhelo de contacto, sino como un medio para hablar de cuestiones que van más allá de simples sensaciones. La soledad impero nos puede resultar un medio útil para discutir cuestiones como el racismo social e institucional; las dificultades económicas; las barreras sociales en la comunicación; la falta de redes de apoyo o anomia social.

La soledad siendo no solo ese anhelo de contacto, sino también su imposibilidad nos permite ver como en las personas migrantes que se encuentran con todas las situaciones o dificultades anteriores de alguna manera la padecen. Es decir, cuando hablamos de racismo o dificultades económicas nos encontramos siempre que de otra manera dichas situaciones son causadas por la soledad en cualquiera de sus formas. Con esto quiero decir, que una de las consecuencias que la discriminación tiene es la inevitable visualización de ésta como una brecha insuperable para el contacto con el otro.

El discriminado en todos los posibles sentimientos que pueda llegar a tener como la sensación de injusticia, abandono o frustración la última sensación que se tiene es la de soledad. El racismo o la falta de oportunidades laborales son situaciones donde la brecha es insuperable por mucho que se intente, pero esa sensación por parte del discriminado por pertenecer y ser reconocido recae en una inmensurable sensación de soledad.

Una de las tesis principales del trabajo es reconocer como la soledad puede servirnos como una categoría útil para entender todas las dificultades e injusticias que sufren las personas migrantes en los países de destino. A la vez que también emplear y conceptualizar una definición de soledad que nos permita ir más allá de la individualización que acarrea el término.

III. Juntos solos, pensando la soledad más allá del individuo

Como ya hemos visto, las distintas definiciones de soledad se definen siempre en relación del individuo para con el grupo, es decir, la soledad solo la puede sentir aquel que está fuera del grupo y, por ende, solo. Siendo este el primer problema del término en la literatura que debemos abordar.

En el campo de los estudios de migraciones siempre se pone el foco en la solitaria vida de la persona migrante cuando abandona su país, su cultura y familia. Es por ello, que cuando el migrante consigue reunirse finalmente con parte de su "familia", es decir, mujer/marido e hijo/as se da el asunto del sentimiento de soledad por terminado.

Como veremos más adelante no solo es debido a la forma en que concebimos la soledad, sino también la forma en que concebimos otros aspectos como la familia. Sin embargo, para no adelantarnos, necesitamos introducir el kit de la cuestión, es decir, ¿sigue siendo posible a pesar de que, en la vida familiar transnacional, cuando nos reunimos con nuestra "familia" que sigamos sintiéndonos solos? Más concretamente, ¿es posible que como "familia", como unidad, que sigamos sintiendo una sensación de soledad? Este trabajo entonces pretende, por tanto, construir y resolver sus preguntas y críticas a partir de dos conceptos que son uno y el mismo a la vez, la familia y la familia transnacional. La familia es el pilar fundamental para resolver la pregunta que este trabajo se pregunta, ¿Es posible que incluso cuando se está en familia, nos sintamos solos?

La familia y la familia transnacional son dos conceptos que se han examinado largo y tendido, pero que a lo largo de la revisión para este trabajo han sido enormemente problemáticas a la hora de resolver una pregunta crucial. ¿Qué es la familia y quienes la constituyen?

Muchos artículos hacen enorme foco en la familia nuclear, pero muy pocos en la familia extendida, por otro lado, surgen cuestiones de género, raza y clase en cómo se construyen las familias y como conciben el termino diferentes personas. Por otro lado, surgen de un foco enormemente etnocéntrico y plantean las definiciones de familia nuclear y extendida como cosas diferentes.

Por tanto, a través de una revisión crítica de cómo se construye la familia y la familia transnacional, pretendo examinar como dichas construcciones pueden haber o no plantearnos problemas para entender la soledad de los migrantes y sus familias en los países de destino, a la vez que nos hacemos otras preguntas relevantes que irán surgiendo a lo largo del trabajo.

> *"Juntos solos. Esta frase no es tan común como "solos juntos". "Solos juntos" tiene sentido, suele resaltar un tiempo cuando gente románticamente interesada puede encontrar tiempo para sí mismos. Muchas canciones se han titulado, y escrito sobre, estar "solos juntos".*
> *Pero nosotros no pensamos usualmente en términos de estar "juntos solos". Esto no encaja en nuestros tan agradables esquemas de clasificación. Sin embargo, cuando empezamos a pensar en ello, cuando estamos usando la televisión, o la radio estamos juntos solos.*
> *Cuando alguien nos está hablando desde fuera de nuestra televisión, como si estuviéramos juntos. Estamos viendo a gente hacer cosas, casi como si realmente estuviésemos presentes viendo gente hacer cosas. Es casi parecido a estar juntos. Pero no estamos juntos. Nuestra soledad nunca está fuera de nuestra atención. Quizás esto es por lo cual muchas veces vemos más televisión incluso si no hay nada que queramos ver. Estos equipos electrónicos nos evitan sentirnos solos. Por un rato."* (Gozzi, R. 2006, p 3)

Capítulo 2

IV. Conceptualizando la familia

¿Qué es la familia, o más bien qué entendemos por la y las familias? Nuestro entendimiento de lo que consideramos familia tanto en sentido más personal y subjetivo, como lo que podemos inferir a partir de nuestro entorno, es una mezcla de concepciones culturales, políticas, económicas y sociales sobre aquello que consideramos o no una familia. Por ejemplo, Murdock entiende la familia como la unidad básica de toda sociedad, la cual se encarga de cuatro funciones básicas: sexuales, reproductivas, económicas y sociales.

La autora Betty Yorburg (1975) en ''The nuclear family and the extended family: An area of conceptual confusion'' de Journal of comparatives studies de la primavera de 1975, realiza un análisis de las diferencias a nivel psicológico, social, económica y espacial, de las diferencias que podemos encontrar en los distintos tipos de relaciones familiares. La autora nos habla tanto de familia extendida y nuclear como de familia extendida modificada y nuclear modificada.

La autora presenta las siguientes definiciones para cada tipología de familia: la familia nuclear se caracteriza por una completa independencia económica y autonomía dentro de la unidad esposa-esposo y padre-hijo. La familia nuclear es completamente independiente a niveles económicos, sociales y psicológicos, en caso de necesitar dicha ayuda esta proviene de otras formas de sociabilización como amistades o ayudas gubernamentales, donde muchas veces el contacto con la familia extendida se realiza por llamadas o cartas. Por otro lado, la autora entiende por familia nuclear modificada como una unidad más dependiente a nivel económico, psicológico y recreativo que ocasionalmente requiere más ayuda a través de la red de parentesco. El contacto con la red familiar es ocasional y regular comparado al de la familia nuclear. Luego la familia extendida se entiende como aquella que es enormemente dependiente de la red de parentesco a niveles económicos, sociales y psicológicos. El contacto y la cercanía espacial como el resto de la red familiar es estrecho y diario. Por último, la familia extendida nuclear es caracterizada por ser independiente a nivel económico quitando ciertos intercambios de bienes y servicios, pero siendo manteniendo a nivel psicológico una dependencia tanto de parentesco como de otro tipo de relaciones no familiares. Además de al igual que la familia extendida, cierta influencia a la hora de toma de decisiones en la red, aunque acercándose más a la completa autonomía de la familia nuclear, pero aun así siendo influenciada por el resto de los parientes.

Estas distintas tipologías sobre como conceptualizamos lo que entendemos por familia a niveles sociales, económicos, políticos, reproductivos y espaciales, nos permite entender como a lo largo de la literatura de la familia se han ido construyendo las distintas formas de concebir la familia. En el mundo académico la familia se intenta entender desde un punto de vista rígido y universal que nos permita clasificar la idea de familia en sus distintas formas. Las tipologías sobre la familia en la literatura del parentesco intentan explicar las diferentes relaciones que se dan dentro de la red del parentesco como formas fijas de cómo se expresa las relaciones de consanguineidad de los sujetos.

Recuerdo las visitas a mis primas y tíos paternos durante los fines de semana. Mi madre me llevaba a jugar con mis primas en su casa, donde pasábamos la tarde jugando en la azotea. Veo los charcos de agua que se formaban tras la lluvia y gotas de agua que aún goteaban de las placas de metal que cubrían las cosas guardadas de la azotea. Aquel día, aunque lo demás esté difuso o en negro, siento aún el chiquito y malcriado resentimiento que sentía cuando jugando mi prima decidió golpearme con una escoba. Saboreó aún la tortilla con pan y cebolla que nos preparó mi tía para comer aquella tarde. Y confundido, sigo pensando en la relación de mi padre y su hermano, que sabiendo ahora lo

que no sabía antes, arroja una nueva luz a aquellas sombras que nosotros niños
no sabíamos que existían.

La familia en términos académicos y puramente científicos es una tarea imposible de categorizar y clasificar. Tipologías como las presentadas por Yorburg (1975), pueden ayudarnos a entender que clase de relaciones de parentesco pueden o no darse en ciertos lugares o en ciertas familias. Las relaciones de parentesco que dichas tipologías presentan son unas que no podemos generalizar ni son unas que nos ayuden a entender lo que es la familia y las familias. La familia como termino habla más allá de las relaciones de parentesco y consanguinidad, pero a la vez no escapa de ellas. En el estudio realizado por Levin y Trost ''Understating the concept of family'' en Family Relations de 1992, vemos como en uno de sus métodos, la entrevista, y un ejercicio creativo donde los sujetos dibujan en una pizarra una imagen de sus familias. Una mujer en una familia ''adoptiva''(stepfamily) junta en y separa a aquellos miembros que considera que forman parte de su familia según su nivel de relación con ella en los distintos niveles que podamos inferir, desde espacial, emocional-sentimental hasta social. Incluye a los miembros obvios como su marido, hermano e hijos, como a su ex-esposo y hasta la esposa e hijos de éste, luego incluye a tíos, primos…

La mujer incluye dentro de su concepción de familia a la nueva familia de su ex-esposo incluido éste, por tanto, ¿exactamente de qué estamos hablando cuando pensamos en familia? ¿Son las personas con las que convivimos? ¿Consideramos entonces a la unidad doméstica, es decir, aquellos con quienes compartimos espacio, y labores de reproducción como familia? ¿Aquellos con los que compartimos lazos consanguíneos? O, por el contrario, ¿Es familia a quienes nosotros consideramos cercanos o que de una u otra manera juegan un rol en la red de parentesco?

La familia y en general las familias, es algo enormemente complejo y difícil de delimitar, no solo a nivel científico, sino judicial, social e incluso personal. Yorburg ya nos mostraban ciertas tipologías de clasificación de parentesco y familiar. Dichas tipologías se limitan a observaciones y caracterizaciones extremadamente generalistas de las relaciones familiares y de parentesco, pero nos muestran el intento de las ciencias sociales en la literatura de la familia de delinear lo que podríamos entender como familia. Pero, la realidad de la familia está atravesada por tantos factores diferentes, contextos culturales, políticos, económicos y personales diferentes que la mera idea de hablar de la familia o de las familias es una tarea imposible.

Volviendo al estudio de Levin y Trost (1992), la concepción de la mujer de familia donde incluye a la familia de su ex-esposo, nos demuestra lo complejo de la subjetividad de los sujetos a la hora de elaborar sus propias concepciones de lo que es una familia. Pero, incluso considerándolos familia, en el mapa familiar realizado por ella, la familia se separa por unidades, donde los hijos, esposos y hermanos van juntos, pero tíos y primos y la parte del ex-esposo por separado en sus respectivas unidades. La separación por nucleas o unidades familiares que se exponen en mapa de la mujer, nos muestra ciertas concepciones occidentales sobre la familia y lo que es o al menos como se ordena ésta.

Por ejemplo, incluso si la mujer incluye a la familia del ex-esposo, cosa que puede ser más o menos común, o al menos desafía ciertas preconcepciones que tenemos sobre lo que es o no la familia, se sigue separando por núcleos o unidades familiares. Entonces me pregunto, ¿hasta qué punto la noción de familia nuclear está imbricada en nuestra conceptualización de la familia? La familia nuclear como antes explicado en las tipologías expuestas por Yorburg (1975), consiste en la unidad padres-hijos y esposo-esposa. Dicha concepción también me lleva a dudas, ¿consideramos como familia nuclear a partir del nacimiento del hijo, la unión de esposo y esposa o los tres elementos a la vez? En su artículo ''Rethingking families and community: The color, class, and centrality of extended kin'' de Naomi Gerstel (2011), expone como en el censo estado unidense de 2010 sobre la recesión económica donde se habla que las familias están teniendo una situación difícil, dicho censo solo cuenta como familias a esposos y esposas (o exes) y padres e hijos jóvenes, es decir, no se considera familia a los padres con hijos adultos, monoparentales o del mismo sexo (Gerstel, 2011).

La familia nuclear se encuentra también en un limbo definitorio donde tampoco conseguimos discernir a partir de que parámetros podemos hablar de ella. La idea de familia nuclear como unidad básica de la sociedad, es una preconcepción enormemente poco definida que tiene un sesgo heteronormativo. Incluso figuras como esposo-esposo o esposa-esposa que cumplimentan el mismo rol que esposo-esposa, no son considerados familia nuclear. Por tanto, la familia nuclear siendo un concepto tan cerrado que en la práctica no nos ofrece más que casos particulares sobre un modelo concreto de familia no puede servirnos como forma de conceptualizarla en ninguna de sus formas. Con esto quiero decir, que la familia nuclear se ha construido como el escalón más bajo y básico de la sociedad, donde está constreñido a tres figuras concretas e inamovibles que en la realidad se da en ciertos contextos, incluso cuando otras figuras que en teoría cumplen las mismas funciones que las de la familia nuclear de misma manera, no son consideradas como tal. O incluso, cuando cierta figura desaparece del esquema, dicha familia nuclear deja de considerarse como tal.

A pesar de todos estos problemas conceptuales y prácticos que trae dicho concepto, es uno que está enormemente imbricado en nuestra sociedad occidental, es el estándar por el cual se define lo familiar, por el cual se define lo que conforma o no una familia. Levis y Trost (1992), usando un cuestionario donde a partir de pequeñas explicaciones sobre distintas relaciones de parentesco preguntan a los cuestionados si consideran dichas relaciones como familiares o no, encuentro dos de las respuestas profundamente relevantes para la cuestión. Con la pregunta: ¿Bodil y Bertil son una pareja de 30 años con un hijo de 6, son una familia? (Levis y Trost, 1992) un 99% de los cuestionados respondió afirmativamente. Mientras que en la pregunta de: ¿Doris y David son los abuelos de Daniel, no viven junto a Daniel, son una familia? (Levis y Trost, 1992), un 23% de los cuestionados respondió afirmativamente. Entonces nos hacemos una pregunta crucial, ¿por qué los parientes que no conviven en la unidad doméstica no son considerados familia? O más bien, ¿se considera o no a los parientes familia? La idea de familia nuclear en el cuestionario realizado por Levis y Trost (1992), parece centralizar el discurso sobre lo que es la familia alrededor de la idea de familia nuclear, siendo la unidad domestica de reproducción y las unidades esposo-esposo y padres-hijos las únicas figuras relevantes para hablar sobre la familia, o incluso para ser considerados familia.

La idealización de la familia como un modelo heteronormativo de esposo-esposa y padres-hijos, relegan a segundo plano al resto de personas con las que de una u otra manera estamos emparentados. Los tíos, primos, sobrinos, abuelos y demás parientes que podamos tener, se convierten en figuras oscurecidas por la sociedad en la red de parentesco. Levis y Trost (1992) finalmente, entienden que para hablar de familia no podemos tener un aproximamiento puramente académico y científico donde es el investigador quien defina y limite las definiciones de familia de las personas. El investigador no debe asumir que las personas al describir relaciones familiares están ignorando o confundiendo términos. Conceptualizamos nuestra familia y relaciones familiares diferentemente dependiendo de los contextos donde nos encontramos, por tanto, no podemos hablar de ninguna manera de la familia, sino meramente de las familias.

En el caso de las familias siempre es algo dependiente de la subjetividad del sujeto y no podemos dar por sentado ninguna figura o relación como básica o inalienable, es decir, algunas personas pueden incluir como familiar a algún amigo mientras deja fuera a otro pariente. En la literatura del parentesco los parientes pueden ser o no consanguíneos, pero independientemente de esa relación de parentesco, a la hora de hablar de las familias y de qué consideramos como nuestra familia esas relaciones de parentesco tienen tan solo la potencialidad para ser incluidas, pero independientemente del parentesco no podemos darlas por sentado. Sin embargo, a pesar de no estar garantizado el parentesco como familia, no significa que dichas relaciones no tengan un enorme peso a la hora de conceptualizar nuestra familia, porque la idea de familia no siempre incluye a aquellos que apreciamos y queremos, sino también de forma algo forzada por dichas relaciones de parentesco a aquellos con los que no tenemos las mejores relaciones. O, por otro lado, las relaciones familiares a pesar de la libertad en la subjetividad que damos para que cada uno describa como siente o conceptualiza dichas relaciones, siempre están de una u otra forma constreñida por las relaciones de parentesco y los diferentes contextos económicos, sociales y políticos.

"Sin duda, no debemos idealizar estas relaciones con los familiares. de vez en cuando se quejan o expresan ambivalencia sobre estas relaciones. Por ejemplo, una madre latina soltera de 25 años que recurre a sus tres hermanas y a su madre para que le ayuden con sus hijos dice de ellas: *Hablan toda esta porquería sobre hacerlo, porque cuando hacen algo por mí, se quejan, pero así es con la familia.*" (Gerstel, 2011)

Para entender a las familias entonces, debemos tener en cuenta la gran variedad de contextos y subjetividades que se dan en la vida de los sujetos. Las familias no son algo que podamos dar por sentado, ni son relaciones que carezcan de aspectos positivos o negativos. Las familias por definición no tienen figuras concretas ni inamovibles, y se caracterizan de formas diferentes en sus relaciones, pero creo que tiene una característica que la diferencia de otras formas de sociabilización. La familia es la unidad mínima en la que buscamos el cuidado y el apoyo. Con esto quiero decir, que, a pesar de todas las malas o buenas relaciones, las figuras que la conformen o no, las familias son aquellas unidades donde las personas buscan el cuidado y el apoyo mutuo.

> *Abajo en la calle bajo la sombra de un piso de apartamentos, al otro lado frente al balcón me vigilan mi madre y abuela mientras juego con los chicos del barrio. Pasan los coches y pasan las miradas, estoy atento a los otros chicos, pero mi atención nunca se va de mi familia, algún grito: "¡Cuida con los coches niño!". Me observan y estoy tranquilo, nada malo puede pasar mientras estén ahí.*

V. Las relaciones de cuidado y apoyo en las familias

Al principio hemos hablado sobre la familia nuclear y sus funciones como unidad básica de la sociedad. Sin embargo, como bien hemos explicado, la idea de familia nuclear no es más que una concepción muy concreta sobre la familia, a pesar de todo, las funciones que describe Murdock son funciones que pueden cumplir otros agentes dentro de la misma red de parentesco o incluso fuera de esta. Con esto quiero decir, que, si bien la familia es una construcción subjetiva de los sujetos, sí que podemos esclarecer que ideas o sentimientos son los que hacen que los propios sujetos conceptualicen a sus familias. Me atrevo a decir que aquello que nos ayuda a constituir nuestra idea de familia son los mecanismos de apoyo y cuidado que nos ofrecemos los unos a los otros tanto a nivel material como psicológico y emocional-afectivo.

> *Los he escuchado discutir, los he escuchado hablarse mal a las espaldas. Siempre he sabido que la relación de mi padre con su hermano nunca fue buena, nunca incluso hoy en día he sabido la totalidad de esas malas relaciones, solo pequeños fragmentos y explicaciones a medias. De cierta manera la familia que tiene mi padre es la de mi madre. A veces se refieren a él como el hermano de mi padre otras.*

Las malas relaciones que tenemos con nuestros parientes más cercanos, a aquellos que consideramos familia dependiendo del nivel de malestar de las relaciones pueden romperlas o transformarlas. El peso de las emociones, pero también del parentesco se siente en cómo se conforman estas relaciones, la sensación de deber que se tiene con los parientes al mantenerlos en nuestro universo familia, a la vez que la facilidad, pero dificultosa sensación de incluir a no parientes como familiares. Cuando tenemos un buen amigo o alguien a quien apreciamos mucho y nos brinda apoyo en sus distintas formas, tenemos el sentimiento o la idea de tenerlo en cuenta como parte de la familia, pero el peso del parentesco actúa dificultando dicha decisión a la vez que con los parientes cuya relación es la contraria, dicho peso nos hace mantenerles en nuestra familia.

Con esto quiero decir, que, si bien la familia es algo subjetivo y se puede construir de muchas formas, el parentesco y las concepciones sociales sobre éste y la familia, nos obligan a plantear nuestro universo familiar de cierta manera incluso si no queremos. Pero, incluso a pesar de todas esas presiones que nos empujan, es el afecto y el apoyo de nuestros seres queridos, aquellos a quienes apreciamos desde el fondo de nuestro corazón y se muestran dispuestos a ayudarnos lo que acaba conformando realmente el universo familiar. El parentesco al final acaba siendo la primera red de apoyo y afecto mutuo, pero no es su fin ni un espacio cerrado del que no podamos salir. Las personas conformas sus familias según lo sientan y valoren a quienes tienen a su alrededor. Esto no significa desechan de nuestro universo familiar a aquellos con quienes tengamos una peor relación, sino que la familia en toda su complejidad es un mundo de pesos, deberes, afectos y rencores que acaba finalmente conformándose por el afecto y el apoyo mutuo como mecanismo de cohesión y conformación.

Sin embargo, esta idea de familia solo nos sirve a nivel social y personal para comprender nuestras relaciones y las del resto, desde una mentalidad abierta de lo que es la familia y como se puede conformar. Pero en el mundo judicial y burocrático esta concepción es demasiado abierta y poco delimitada a la hora de resolver tramites. La vida de las familias migrantes en la vida transnacional no solo desafía las conformaciones tradicionales de la familia como redes de apoyo localizadas en un espacio concreto y cercano, sino que se haya en constantes discusiones en el mundo burocrático a la hora de reagrupar o traer familiares.

Maletas y gente, el abrazo de mi padre tras un largo tiempo que ni siquiera recuerdo. La caminata por el aeropuerto, el taxi y la tienda de juguetes. La casita de con figuritas en la habitación vacía de nuestra casa, bajo la escasa luz que pasa a través de la ventana. De repente tristeza, otra vez solo con mi madre triste por la ausencia de mi padre, ella también. Un día lluvioso tras varios días de sol, la soledad en el sofá.

VI. La familia transnacional y la familia bajo la ley

Habiendo hablado sobre como entendemos lo que es una familia, debemos llevar dichas conceptualizaciones que hemos estado desarrollando a un plano diferente, a una situación que no solo expande nuestra idea sobre lo que lo que son las familias, sino que complejiza las funciones que ésta puede tener. Como hemos estado bien, las familias son algo enormemente subjetivo, pero que tiene claras funciones con respecto a sus miembros. Las familias transnacionales entran en una de las grandes problemáticas cuando pensamos en que funciones y necesidades cubren. El factor principal que afecta a las familias transnacionales es la diferencia temporal y espacial a la hora de efectuar sus relaciones. Loretta Baldassar (2007) distingue entre varias formas distintas de apoyo que las familias se ofrecen entre ellas: apoyo práctico, financiero, moral, emocional y personal. Expandiendo en como las familias como bien he dicho en el apartado anterior, son redes de afecto y apoyo mutuo, pero dicho afecto y apoyo se reconfigura en el panorama transnacional.

La lejanía es el principal factor que altera la configuración de estas familias, por tanto, cuando hablamos de familias transnacionales debemos plantearlas como nuevas (re)configuraciones de las familias y las redes de parentesco. Dentro de toda la subjetividad sobre las familias, las familias transnacionales encuentran una realidad objetiva de la cual no pueden escapar. La separación espacial de sus miembros debido a la migración obliga a estas familias a reconceptualizar sus relaciones y repensarlas debido a las circunstancias. En la literatura sobre la familia transnacional —concretamente de origen latino— encontramos siempre referencia a las ideas de familia nuclear y extendida. La familia nuclear es la que realiza la migración en la gran mayoría de casos, siendo la extendida la que se queda en los países de origen, principalmente cuando el proceso migratorio tiene como objetivo la reunificación de la familia nuclear en el país de residencia.

Por la noche nos subimos a un carro, no sabía por qué. Pasamos todo el vecindario y el de mis amigos del colegio, la poca luz solo me permitía reconocer ciertos sitios por los que pasábamos. Primero negro, luego España. No recuerdo nada más del viaje, solo sé montarme en el coche para de repente estar en otro país. Ese fue el día donde nos reunimos nuevamente con mi padre mi madre y yo. Cuando pregunto a mi madre me recuerda que vinimos con nuestro tío, que nos acompañaba en el primer viaje en avión. Recuerdo llegar a mi nueva casa, pequeña, pero acogedora. Sentarme en mi nueva cama y coger una pequeña guitarra que no sabía usar. Ese día sería mi nueva cotidianeidad.

El modelo principal a la hora de considerar la reagrupación familiar es la familia nuclear (Aguilar Diaz, R. 2013, p 2). Esto ligándolo con la critica anterior a ciertas concepciones sobre la familia y más concretamente la familia nuclear, nos lleva a ver como la ley tanto nacional como internacional, siguen sin ajustarse a concepciones más complejas que superen las relaciones paterno/maternos filiales. Se podría decir que ha habido una tendencia en adoptar la definición de ''familia'' que se usa oficialmente en políticas de inmigración en lugar de entender y examinar de a través de que vínculos de parentesco la gente migra. Habiendo habido una tendencia a convertir la idea de familia en un sinónimo de la unidad doméstica, fallando así en capturar las estructuras y composiciones de las familias transnacionales (Evergeti, V., & Ryan, L. 2011, p 9).

Los tíos, primos o incluso abuelos —aunque si están incluidos y pueden ser parte de dicha reagrupación— suelen verse olvidados y según la ley, no considerarse familia. Aunque claramente sí bajo los ojos de las leyes son considerados miembros de la familia, ciertas relaciones estrictas con quienes conforman las unidades domesticas y las concepciones tradicionales, las leyes y la burocracia casi parecen decirnos que ciertos miembros de nuestra familia son más o menos familia que otros. Es decir, el marco legal al intentar objetivar a las familias para regular las leyes de extranjería y le paso de las personas, acaban siendo uno de los principales causantes de las separaciones familiares y de parte de su soledad.

La separación física entre los miembros de las familias hace que dichos apoyos o no se puedan dar o tengan que cambiar para adaptarse a la nueva situación. El apoyo personal es el relativo al cuidado de enfermos, incapacitados o niños. Es decir, es un apoyo que solo puede darse cara a cara y es principalmente necesario durante los eventos de crisis. Por otro lado, el apoyo práctico es el relativo a las tareas básicas del día a día, como hacer la compra o cuidar de os niños, otro tipo de apoyo que solo puede darse cara a cara. Sin embargo, las nuevas tecnologías o los rudimentarios medios de comunicación como cartas permiten el apoyo financiero, moral y emocional a pesar de las distancias (Loretta Baldassar 2007, p 8).

La separación física sigue haciendo difícil estas tres últimas formas de apoyo, sin embargo, no imposible. Todas estas formas de apoyo constituyen lo que se denomina ''kinwork'', es decir, el trabajo realizado por los miembros de una familia con sus otros miembros, en todas sus facetas desde apoyo financiero hasta emocional. Esta forma de ''trabajo'' familiar o de parentesco que denominamos ''kinwork'' se expresa principalmente a través de formas de estar en contacto como visitas, cartas, llamadas, organizar reuniones, celebraciones o festividades, manteniendo y compartiendo álbumes familiares, y enviando cartas y regalos (Loretta Baldassar 2007, p 10).

Estas formas de mantener el contacto y dicha red familiar, nace de tantas obligaciones —culturalmente esperadas—, la capacidad de realizarlas y compromisos negociados. Es decir, el apoyo familiar no surge solamente de los deseos de sus miembros y su buena voluntad por apoyar a su familia sin importar el coste, sino que es una mezcla de distintos aspectos de dicha vida familiar. Las expectativas culturales o el deseo propio de ayudar y mantener contacto a la vez que dichos apoyos y contactos se negocian con el resto de la familia. Puede que los padres quieran que su hijo migrante les envíe dinero o les llamé cada cierto tiempo porque así es lo culturalmente esperado y deseado por ellos, sin embargo, el hijo puede tener o no la capacidad y deseos de realizarlo. Acabando por negociar con su propia familia aquellos que es posible dentro de su capacidad.

En mi caso, la llegada al país de residencia con mis padres supuso un cambio casi imperceptible, nunca sufrí ningún tipo de añoranza, simplemente fue llegar y estar. Sin embargo, dejar atrás al resto de la familia sería algo que solo iría notando con los años, la ausencia de tíos, primos y abuelos se iría haciendo notar con el paso de los años, donde su incapacidad de ayudarnos en la distancia nos haría la vida mucho más difícil. En cuba cuando se necesitaba cualquier cosa con una simple llamada telefónica o caminar un par de cuadras el problema tendría ayuda inmediata por parte de nuestra familia. Mi madre podía dejarme en el trabajo de mi tía para irse a trabajar o cualquier cosa que necesitase, o, por el contrario, sería nuestra ayuda la que se echaría en falta.

Con la migración de mi madre y padre, mis tíos y primas se tendrían que encargar de nuevas tareas en relación con mi abuela. Esto está ligado directamente a la idea de ''global chains of care'' o cadenas globales del cuidado, donde muchas tareas que las personas que migran no pueden hacer por sus otros miembros de la familia son transferidas a otros miembros de la comunidad o la familia. Estas cadenas globales del cuidado pueden definirse como una serie de vínculos personales alrededor del mundo que se basan en trabajos pagados o no del cuidado (Evergeti, V., & Ryan, L. 2011, p 6). Muchas de esas tareas que mi familia tomaría también ayudarían otras personas conocidas dentro del vecindario y de las redes de apoyo de nuestra familia a través de amistades y vecinos.

La distancia, entonces como hemos ido desarrollando, solo permite un pequeño resquicio de apoyo entre los familiares separados. Las personas migrantes adoptan estrategias ''espacialmente extensivas'' incorporando a miembros de diversos espacios. (Creese, Dyck & McLaren 1999: 3 según citado en Evergeti, V., & Ryan, L. 2011, p 10), la transnacionalidad obliga a recurrir a estrategias y personas que no necesariamente comparten espacio geográfico. Por ejemplo, mi familia se encuentra separada en cuatro localizaciones clave: las islas canarias, Madrid, Miami y Cuba. Por tanto, a la hora de tanto en eventos de crisis, de los cuales hablaremos ahora, o de cualquier necesidad, estas cuatro localizaciones se coordinan de la mejor manera posible para atender las necesidades del país de residencia o incluso, aunque pocas veces, de los de los otros miembros en sus respectivos países de residencia.

Para ejemplificar más, en una de nuestras visitas alrededor de 2014, nos reunimos miembros de los tres países de residencia en cuba para una visita a la familia. La cual también sirvió para arreglar ciertas cosas de la casa donde vivían mis tíos y prima junto a mi abuela. Dicho viaje fue una excepción donde todos los miembros de la familia materna, no se ha repetido debido a las dificultades de la distancia y los altos precios de viaje.

Estas prácticas de apoyo transnacional tienen una dimensión relacional y temporal: relacional en cuanto proveen de una fuente de identidad y apoyo relacional, y temporal en cuanto está ligado a los ciclos de vida de las personas (Bryceson & Vuorela 2002: 3-30 según citado en en Evergeti, V., & Ryan, L. 2011, p 10). Es decir, estos apoyos surgen de las identidades de los individuos en cuanto son culturalmente esperadas y personalmente esperadas, pero siempre en una constante negociación ligada directamente a la vida de sus miembros.

La capacidad de reunirnos todos ese 2014 fue una mezcla de todos estos factores, se dieron las circunstancias en nuestra vida a la vez que el afecto y necesidad de ayudar se vio unido a la idea cultural de que los hijos y la familia deben cuidar los uno de los otros. Sin embargo, como he dicho, no se ha vuelto a presentar una oportunidad donde todos pudiésemos ir a la vez. Mi tío que vive en Miami no ha vuelto a Cuba desde entonces y no mantiene prácticamente contacto con el resto de nosotros.

En cambio, tanto mi tío de Canarias como mi madre han podido ir individualmente o juntos a lo largo de los últimos años. La provisión de cuidados entre los migrantes, sus padres y parientes, siempre se ve mediada por tanto la capacidad de los migrantes para proveerlo como su sentido de obligación para hacerlo (Evergeti, V., & Ryan, L. 2011, p 10). Si bien podría parecer que la provisión de ayuda es unidimensional en cuanto como he ido relatando, suele ser mi familia migrante la que suele proveer de ayuda económica y de visitas a la de origen. Sin embargo, dicha ayuda debido a la situación cubana solo puede ser provista por uno de los dos extremos. Por el contrario, la ayuda emocional y moral se presta desde ambos extremos.

VII. Nuevas tecnologías, el apoyo y la rutina

Las nuevas tecnologías mediante mensajes de texto, correos, llamadas o incluso redes sociales, nos permiten mantener un contacto más estrecho con aquellos que dejamos atrás. Dicho contacto no solo puede servirnos para mantener las estrechas relaciones que dejamos en el país de origen, sino para en parte seguir manteniendo esa sensación de cotidianeidad con las personas que una vez la compartimos. Nos permite asegurarnos del bienestar o los problemas y necesidades que nuestros parientes tienen lejos de nosotros, es decir, nos permite reactivar parte de la conexión que la migración cortó. Sin embargo, este contacto es tan solo parcial y no puede sustituir el cara a cara y los apoyos personales y prácticas que este brinda.

> *"Las experiencias tecnológicas proveen de escenarios donde las familias reestructuran las oportunidades que el propio sistema económico les ofrece para su inserción social en la comunidad receptora; desaparece o disminuye la sensación de lejanía y se reconfigura la subjetividad individual a partir de la presencia virtual y del contacto diario con familiares del otro lado de la frontera, lejanía que se diluye con cada mensaje en un blog, la conversación en un chat y la interacción en Facebook o Twitter".* (Pablos, E., & Farrera, A. 2018, p 16).

En el caso de mi familia y de la situación en Cuba, el internet y la facilidad de contacto que otorga a través de Whatsapp y llamadas a través de la aplicación sin cobrarte la llamada a otro país, no fue facilitado en el país hasta 2016. Donde a través Nauta, un servicio de internet en el hogar que mi madre pudo mantener un mayor contacto con la familia. Principalmente el contacto realizado era a través de locutorios entre 2007-2014, luego algunas llamadas que nos cobraban por teléfono, algún contacto por redes sociales como Facebook que, si era posible, aunque de forma muy limitada.

Y finalmente, a partir del 2020 cuando mi familia cubana logró tener acceso a dicho servicio que el contacto se volvió mucho más frecuente y algo que hasta la fecha se ha convertido en rutinario. Previo a la oportunidad de internet en casa de mi familia en cuba, el acceso era tan limitado a la comunicación con nuestra familia que no estaban presentes en nuestra vida diaria y su presencia se diluía en nuestros recuerdos. Las TIC permiten establecer o reestablecer conexiones con las familias que viven lejos las unas de las otras, lo que permite "superar la ambigüedad de vivir con dos corazones en lugar de un corazón roto" (Falicov, 2007: 157-158 según citado en Pablos, E., & Farrera, A. 2018, p 4).

> *Las tardes de mi madre viendo la televisión o pasando la tarde sola sin hacer nada mientras yo estoy en el colegio o mi padre trabajando. Cuando llegaba me ponía a jugar a la consola y ella seguía viendo la televisión o cocinando, a veces mirando el móvil y las redes sociales. Sin embargo, ahora siempre la veo hablando con nuestra familia en cuba ya sea con su hermana o su sobrina. Las tardes si bien siguen siendo no tan diferentes, se vuelven más amenas y menos rutinarias con el contacto estrecho y continuo de nuestra familia.*

Al igual que Gozzi (2006) nos recuerda que incluso los dispositivos como la televisión, o en este caso extrapolándolo a nuestros móviles y las conexiones que nos permiten establecer con nuestra familia. Estos solo nos pueden ayudar a olvidarnos de nuestra soledad durante un rato, pero de forma segura dicha soledad volverá y la sentiremos en la ausencia de aquellos que queremos, pero con los cuales no podemos compartir espacio.

VIII. Familia ficticia y real, la simultaneidad de la familia transnacional

Los migrantes en los países de residencia establecen nuevos vínculos y conexiones con las personas de los países de destino, sin embargo, esto me lleva a pensar la importancia de estas nuevas conexiones y las que dejamos atrás. Está claro que estas conexiones no son sustitutas de las antiguas, pero estas nuevas redes y vínculos que se crean tienen una función similar a las antiguas. La idea de que estos nuevos vínculos participen en nuestra vida diaria de cierta manera sustituye aquello que hemos dejado atrás en cuento proporciona funciones similares de apoyo dependiendo de la profundidad de dichas conexiones, pero en ciertas bases contribuyen a nuestro bienestar tanto material como emocional. Por ejemplo, a lo largo de los años ciertas amistades y vecindades se han ido implementando en nuestra vida diaria dc tal mancra quc cuando hemos necesitado apoyo tanto material —ya haya sido un poco de dinero, algún objeto o transporte— o personal como el cuidado de animales o nuestra propiedad se nos ha ofrecido sin problema. Por otro lado, en eventos de crisis el apoyo moral y emocional también se ha brindado en la medida de que estos vínculos no se establecen como familia, sino como amistades o vecindades, pero siempre se han ofrecido en sus propias medidas.

Bianca Brijnath (2009) en su artículo understanding caregiving in a transnational context. Establece que establece a partir de su propia experiencia personal —autoetnográfica— las relaciones que se establecen entre sus sujetos dos tipos de parentesco: real y ficticio. Como hemos ido hablando, el ficticio es aquel que se establece con desconocidos que a través del contacto y su imbricación en nuestra rutina se vuelven afines. Mientras que los parientes reales, son aquellos que tenemos lazos biológicos de parentesco. Carsten, J. (1995) en relación a nuestra critica sobre la idea de familia y parentesco, ya hablaba sobre como el termino parentesco era un termino occidental que solo servía para hablar de sus propias formas de vincularse, y en relación a lo que estamos describiendo, la mejor manera de entender como nos relacionamos y entendemos nuestra familia es usando el parentesco como una forma de caracterizar estos modos de vinculación. Lo ficticio y real, solo nos sirven para distinguir los nuevos y antiguos vínculos que realizamos. Bianca Brijnath ya menciona como uno de sus parientes que está enfermo desea volver con su familia "real" a pesar de estar siendo cuidada por su familia "ficticia".

Si bien estoy criticando este uso que hace la autora, nos resulta imprescindible para entender uno de los puntos centrales de este trabajo. Teóricamente no me gusta el uso de familia real y ficticia, sin embargo, sentimental y afectivamente me resulta imposible no usarlo. ¿Por qué los nuevos vínculos y, por tanto, parientes que creamos en estos países no resultan suficientes? Si llega a cumplir funciones similares tanto a nivel práctico como personal y emocional o moral, ¿qué nos impide dejar de sentir la perdida por la familia que dejamos atrás, cuando creamos o estamos con una nueva y posible familia creada? ¿Es más espesa la sangre que el agua? Respondiendo a mis preguntas, creo firmemente que nuestro apego a quienes dejamos atrás no es solo por ideas culturales sobre el parentesco y los vínculos u obligaciones familiares culturalmente esperadas, sino también una mirada al otro. Con esto quiero decir, que dentro de la experiencia personal tanto mía como de mi familia, la imposibilidad de ver a los parientes ficticios como familia real y seguir apegados a la de origen, no solo se trata de nuestro aprecio y obligaciones con quienes dejamos atrás, sino también porque todos aquellos parientes ficticios ya tienen sus propios parientes reales.

Con esto quiero decir, que las familias transnacionales no solo echan de menos a las suyas por sus propios motivos culturales y personales, sino porque están rodeadas de familias. Los parientes ficticios tienen sus parientes reales, y nosotros los nuestros. La idea de que siempre estamos en relación con los otros y vemos que tienen o que carecen nos hace observar lo que nosotros tenemos y/o carecemos. La imposibilidad de no dejar de mirar a lo atrás y de pensar en la familia que no tenemos aquí siempre es recordada por las familias que los otros poseen en los países de destino y/o residencia.

Teóricamente esta disyuntiva me resulta incomoda, sin embargo, emocional y sentimentalmente dicha separación nos recuerda que cultural y socialmente las respuestas y vínculos de nuestros parientes reales son insustituibles. La necesidad de estas conexiones con nuestra familia real invoca dentro de nosotros mismos una llamada a volver con ellos, a necesitarlos y no volver a dejarlos atrás.

En parte miento cuando digo que los hemos dejado atrás, porque la familia transnacional no vive su vida ni sus ideas ni sus experiencias en un solo lugar, es decir, no tiene una experiencia que podamos palpar simplemente mirando en una dirección. La familia transnacional tiene una experiencia simultanea aquí y allá. Entre aquello a lo que ha llegado y aquello a lo que ha dejado. Mi madre no vive solo en España, vive también en cuba, mi madre no vive solo con mi padre y conmigo, mi madre vive con sus hermanos, sus sobrinas y sus primos. La experiencia simultanea es la experiencia diaria de la familia transnacional, sus ideas y sus experiencias se configuran en un plano de varias cosas sucediendo a la vez, lo que sucede aquí y lo que sucede en cuba, por así decirlo, es la experiencia vivida de dos vidas y dos lugares diferentes. Tenemos el cuerpo aquí, pero la mente allá. Estamos presentes acá, pero estamos pensando en allá. Nuestra rutina es siempre una con las personas que dejamos, las nuevas tecnologías y nuestros propios sentimientos nos permiten no mantenernos en un solo lugar. Pensar la experiencia transnacional es pensar varias, en nuestro caso cuba y España, pero en muchos otros puede variar enormemente los lugares donde dichas familias viven.

Con todo esto, quiero principalmente enfocarnos en la idea de que, si bien dicha división que realizo entre lo ficticio y real no es una teórica, sino una sentimental y cultural, porque los procesos de simultaneidad no permiten que lo real sea sustituido, porque lo real es lo referente al mundo sentimental y emocional. Si bien dicha separación Bianca Brijnath la presenta bajo comillas solo para distinguir entre aquello que sus sujetos piensan y presentan, yo quiero recoger dicha idea, pero presentarla sin dichas comillas, lo real y ficticio existen para mi familia y yo, y para muchas otras esto se presenta como una realidad indiscutible, es decir, familia solo hay una, dicha es nuestra subjetividad.

CAPÍTULO 3

IX. La soledad de la familia transnacional

Como hemos ido viendo a lo largo del trabajo, la construcción de la soledad y la familia están ligadas directamente a un contexto occidental donde sus definiciones, limites y usos están ligados a una visión etnocéntrica. La soledad dentro del entendimiento de que es una categoría profundamente subjetiva que afecta a distintos niveles del cuerpo, la menta y las emociones, a la vez que, de distintas formas a cada persona, siempre se entiende como algo individual. La idea que hemos ido presentando a lo largo del trabajo es que la soledad tiene la capacidad de presentarse como algo que afecta a grupos de personas más que simplemente a los individuos de esos grupos. Por otro lado, la critica a la familia nos ha servido para entender de que forma las leyes y concepciones tradicionales sobre lo que es ésta, impiden muchas veces la reunificación de sus miembros.

Las leyes de extranjería, nacionales e internacionales presuponen antes que examinar las situaciones familiares de las personas. Las criticas realizadas, por ende, tienen el propósito de guiarnos hacia una visión decolonial sobre conceptos que, si permitimos como en el caso de la soledad que se entiendan más allá del individuo o la familia más allá de los roles tradicionales o las unidades domésticas, pueden resultar satisfactoriamente útiles en el estudio de las familias y vidas transnacionales. Recuperaremos, por tanto, para finalmente hilar todo las criticas a la familia y la soledad, tanto sus aspectos relacionales como categoría analítica como interaccionales.

En este apartado también discutiremos aspectos de la vida trasnacional que no hemos hablado como la importancia de las fiestas, celebraciones y reuniones familiares, junto a la diáspora de las familias migrantes que viven sus vidas de forma transnacional. La importancia de estos campos para hablar de la soledad radica en como las redes de apoyo familiares y nuestro contacto con ella acaban teniendo un efecto positivo en no hacernos sentir solos, o, por el contrario, como su falta tanto de la familia como de nuestra identidad, tierra, lengua o costumbres tienen un efecto negativo y nos hacen sentir una profunda soledad no como individuos, sino como grupo.

Recordando el fragmento de Gozzi (2006), sentirnos solos juntos es y podría interpretarse como un sentimiento individual dentro de estar en un grupo, sin embargo, estar juntos solos significa que esa soledad es compartida.

Uniendo las críticas a estos conceptos y categorías que se presuponen desde una perspectiva etnocéntrica uniéndolo a los diferentes aspectos que las vidas de las familias transnacionales muchas veces carecen, o se les hacen enormemente complicadas de realizar podremos desentrañar la idea de como miembros de la familia nuclear a pesar de estar juntos cuando en realidad están profundamente solos.

X. Diáspora y familias transnacionales

Las ideas de hogar o pertenecer son subjetivas en medida de que pertenecen únicamente a cada individuo y comunidades. Sin embargo, para poder entender que significa pertenecer o ''sentirse en casa'' es necesario reconocer que estas ideas están ligadas a un algo, un lugar o unas gentes. Representaciones de lo que es el hogar con las que el sujeto puede sentir un apego. Estas cosas a las que pertenecen son, por tanto, materiales e inmateriales —costumbres, olores, sabores— otras formas de apego o pertenencia son completamente materiales —lugares o personas (Eckersley, S. 2017, p 2). La idea de pertenecer y el sentimiento de apego no se dejan en la tierra que uno abandona, sino que se son llevadas con uno mismo al lugar cualquier sea que se vaya. Las comidas, costumbres, palabras… se intentan (re)crear o preservar; los acentos, dichos o gestos también se intentan preservar en entornos donde al igual que un pez fuera del agua, no consiguen sobrevivir. Estas pequeñas o grandes cosas que podemos llevarnos con nosotros viven en cierta manera bajo respiración artificial, y las cuales un día podría desaparecer ya sea de forma abrupta o lenta.

Las formas en que las personas migrantes o desplazadas negocian la comunidad y el lugar es una tensión constante entre el "aquí y el ahora" y el "allá y antes" el cual configura el discurso de su herencia tanto como los discursos de las elites que los confrontan en su día a día (Eckersley, S. 2017, p 3). La herencia y pertenencia de las personas migrantes son discutidas constantemente a la vez que las condiciones del estar lejos de donde surgieron provocan su lenta muerte, la confrontación discursiva las amenaza incluso más. El migrante muchas veces debe adaptarse a las condiciones hostiles y racistas de los países a los que migran, donde no pueden mantener ni su acento o dichos si quieren volver a sentir en el país de destino algún tipo de sensación de pertenencia o apego.

La soledad, por tanto, surge de una incapacidad de pertenecer y ser junto a otros. Los otros pueden ser las nuevas personas que se conocen o aquellos que se han dejado atrás. Adaptarse a un nuevo lugar supone abandonar lo que es de uno, o en caso de intentar mantenerlo, supone cierta incapacidad por conectar con los otros. Con esto no quiero decir que mantener nuestra herencia sea un impedimento a la hora de establecer conexiones con otros que no la comparten, sino la falta de un otro que comparta ese "algo" que hemos dejado atrás, nos hace sentirnos solos. La soledad entonces se ve presente en nuestra constante búsqueda por un igual que comparta algún resquicio de nuestra identidad. Reitero que no quiero decir que no podamos establecer conexión con el otro, pero en búsqueda constante de nuestra identidad el no encontrarla en el otro ni en un igual, sentimos la perdida y aislamiento de una parte de nosotros.

A nivel de soledad relacional, la incapacidad de compartir con el otro nuestra identidad y recibir de forma reciproca un reflejo de nosotros mismos, hace que estas relaciones a lo largo del tiempo no tengan el mismo significado que puedan tener con un igual. Al mismo tiempo a nivel interaccional, el no poder hablar o participar como iguales de una misma identidad en los momentos más cotidianos nos hace sentirnos relativamente solos. Pertenecer está ligado a los entendimientos, construcciones y articulaciones de las identidades al igual que con lugares, personas, cosas y experiencias día (Eckersley, S. 2017, p 4).

La soledad como concepto siempre es en relación con un otro y dicha conexión con el otro siempre está mediada por nuestras identidades. No compartir identidad con otro no nos imposibilita el contacto, puede hacerlo más difícil, pero no imposible. Sin embargo, La soledad que podemos sentir como grupos o individuos en este aspecto está directamente vinculada a la falta de identificación identitaria con el otro. No vernos reflejados en un lugar donde los otros sí pueden verse reflejados, nos puede hacer sentir una soledad que nos recuerda aquello que hemos dejado. Nostalgia y pertenencia simbólica figura fuertemente en el análisis de sus grupos minoritarios, junto a la pregunta sobre la ''autenticidad'' en relación a las tradiciones y las complicadas relaciones entre las nociones de herencia como algo ''fijado y herencia como ''un flujo'' (Eckersley, S. 2017, p 5).

XI. Eventos, fiestas, celebraciones y familias. Recordatorios de nuestra soledad

Las fiestas, eventos y celebraciones son una de las prácticas fundamentales para crear comunidad y lazos en la sociedad. Sin embargo, en la vida transnacional migrante, la capacidad para llevarlas a cabo y participar en ellas es de una gran dificultad. La importancia de estos eventos se condensa en el fortalecimiento de los lazos familiares y de distintas redes de apoyo. Estas prácticas están imbricadas directamente en la rutina de las personas, dichos eventos se esperan y forman parte la cotidianeidad de las familias. La "unidad familiar" emerge como una constante en el ejercicio de prácticas sociales como eventos, fiestas o celebraciones (e.g. Lee, Arcodia, & Lee, 2012 según citado en Bernadette Quinn & Theresa Ryan 2018, p. 3).

La idea detrás de estos eventos familiares es la de reforzar atraer a la unión familiar a aquellos que se forma rutinaria se encuentran lejos de ella. Cuando se realiza uno de estos eventos se reúnen tanto aquellos que han abandonado el hogar como aquellos que aún siguen permaneciendo en él. Las celebraciones son vehículos para atraer, recordar y producir los vínculos que tenemos con nuestros seres queridos. Por otro lado, la sociabilización/sociabilidad y la unión familiar ha sido presentada junto a las ideas de novedad, emoción y escapismo como factores clave que explican la asistencia a las celebraciones (Backman, Backman, Uysal, & Sunshine, 1995; Lee, 2000, 2004; Mohr, Backman, Gahan, & Backman, 1993; Uysal, Gahan, & Martin, 1993 según citado en Bernadette Quinn & Theresa Ryan, 2018, p 5). No solo se trata de estrechar lazos con nuestra familia, sino que, en su característica de ser cada cierto tiempo, estas celebraciones familiares cumplen otros objetivos como los de escapar de la rutina o divertirse junto a la familia tras un largo tiempo.

Estos eventos pueden ser tanto cumpleaños como comidas familiares o navidad. Los primeramente mencionados tienen aspectos solamente positivos de reunirnos y celebrar, sin embargo, otra clase de eventos familiares como los funerales son lo contrario, aunque cumplen las primeras funciones mencionadas, estrechar vínculos familiares. Otros aspectos de estas celebraciones y eventos es reforzar nuestra identidad cultural con el "hogar" y la familia. Una idea del hogar pensada de forma simplista como un mero lugar físico, ignora las distintas formas imaginarias, materiales y virtuales en que las personas construyen sus nociones de hogar (Moufakkir, 2011; Scheyvens, 2007 según citado en Bernadette Quinn & Theresa Ryan, 2018, p 6). Históricamente se ha discutido que la movilidad debilita nuestro apego a los lugares (Relph,

1976 según citado en Bernadette Quinn & Theresa Ryan, 2018, p 6). Por el contrario, no las debilita, sino que las refuerza, y este apego se suele ver reflejado a través de sus dimensiones sociales. Las personas, costumbres, comidas…etc son los aspectos que nos hacen rememorar el hogar y hacerlo sentir en falta. Nuestro apego al hogar y la familia nunca se ve más reforzado que cuando lo perdemos.

> *Año nuevo, como siempre mi madre, mi padre, los animales y yo. Mientras hablo con mis amigos por teléfono y mandamos nuestras felicitaciones a nuestros seres queridos. Me doy cuenta de nuestra soledad, todos se reúnen con sus familiares para celebrar, nosotros como siempre solos los tres sin nada que contar más allá de lo que ya sabemos. Una cena privada lejos del resto de nuestra familia.*

Las celebraciones ya sean navideñas, de cumpleaños o simples comidas familiares, son una excusa/razón de sus miembros para poder juntarse. Sin embargo, en el contexto transnacional la capacidad que tienen estas familias para poder reunirse y/o participar en fiestas y eventos es enormemente limitada, a veces directamente imposible. La separación física no solo hace imposible reuniones o comidas familiares más cotidianas, sino que limita y condiciona la participación de los miembros de la familia en actividades más grandes como navidad, año nuevo o cualquier evento cultural significativo. Esto también se aplica a eventos más cruciales como funerales, donde la distancia nos imposibilita tomar parte en el duelo y perdida de un familiar.

Sin entrar en mucho detalle debido a la tristeza del evento, cuando mi abuela falleció solo pudo ir mi madre al funeral debido a lo repentino del evento y el alto precio que se tiene que pagar para poder viajar todos juntos. Por otro lado, mi tío de Miami ni siquiera fue, mientras que solo un miembro de cada a familia en un lugar pudo ir. La distancia nos obliga constantemente a balancear todos los aspectos de nuestra vida si queremos formar parte de lo que al contrario serían eventos más o menos triviales si la distancia física fuese menor. Coger un coche o un tren, o incluso un vuelo en suelo europeo, siempre es más sencillo que los largos y costosos vuelos internacionales que nos separan de nuestros seres queridos.

XII. Juntos solos ¿un absurdo?

La vida transnacional no solo resulta difícil y complicada en los casos donde uno de los miembros viaja solo y deja a su familia atrás, sino que incluso cuando parte de la unidad total familia como puede ser lo que entendemos por familia nuclear se mueve conjuntamente, sigue resultando en una vida difícil y solitaria. Las redes de apoyo que una familia transnacional tiene en el país de residencia suelen ser débiles o inexistentes, no contar con toda la red familiar que otras familias si tienen, hace que tareas o actividades cotidianas puedan volverse más complicadas de lo que son. Desde no tener quién pueda cuidarte la casa o tus hijos hasta ayudarte en tareas mundanas. O más relevantes desde eventos de crisis por mala situación económica, necesitar donde quedarte o difíciles situaciones personales y/o sentimentales el apoyo familiar es imprescindible y la distancia nos imposibilita desde la menor y más nimia de las cosas hasta las más relevantes.

La soledad en la familia transnacional se ve desde los dos niveles que hemos mencionado a lo largo del trabajo, a nivel interaccional la falta de familia cerca que pueda participar en nuestra vida cotidiana nos hace echar en falta su contacto y nos recuerda que nuestra separación no es sentimental, sino meramente física. El contacto gracias a las nuevas tecnologías nos hace tenerles más presentes para apoyos morales o sentimentales, pero su presencia física siempre se echa en falta, no solamente para ayudarnos, sino simplemente para poder tenerles presentes. Por el contrario, la soledad relacional donde el pasado y futuro que hemos tenido o tendremos con nuestra familia se ve oscurecido por la imposible distancia que nos separa. Recordar el pasado compartido nos puede llegar a hacer sentir nostálgicos o melancólicos por los vínculos que la distancia nos ha obligado en parte a dejar, sino que dicha distancia cada vez nos hace más difícil e imposible imaginarnos un futuro compartido con nuestra propia familia. Si bien el contacto tecnológico nos hace seguir manteniendo ese nivel relacional donde seguimos compartiendo y construyendo un pasado y futuros mutuos, sin embargo, siguen siendo medios insuficientes como para que nuestras perspectivas de una relación duradera y futura con ellos sean posibles.

Los apoyos personales y prácticos son prácticamente imposibles en la familia transnacional, solo en el caso de las remesas que envían los migrantes al resto de la familia en los países de origen, ninguna otra ayuda práctica es posible por la distancia. Así que, en momentos de crisis estas unidades familiares separadas sienten la soledad de no tener una red de apoyo familiar que acuda a su ayuda en momentos de dificultad, dependiendo meramente de otras redes de apoyo como amistades, vecindades o conocidos.

Cuando hablamos de soledad es difícil imaginar que un núcleo familiar el cual se apoya mutuamente esté solo en como entendemos el termino, pero es dicha separación de nuestros seres queridos ya sean familiares o amigos, de nuestro hogar, de nuestra identidad y costumbres la que nos hace comprender que la soledad es un concepto y una categoría que escapa de la individualidad. Familias y grupos enteros de individuos sienten el peso de la desconexión con el otro y la separación de los suyos. La soledad siempre ocurre cuando la posibilidad de conexión con un otro es negada, nuestras identidades y todo lo que conocemos como muchas personas migrantes que abandonan lo conocido en favor de lo desconocido. Separarnos de nuestro hogar que es construido en base a las personas, lugares y culturas propios, supone tener que aceptar que a pesar de todo lo que podamos construir en un nuevo lugar nunca será aquello que una vez teníamos y que tuvimos que abandonar para luchar por una mejor vida.

La familia y la soledad migrante siempre ondula entre el apego por nuestros familiares y el recuerdo de nuestra identidad. Nada es igual a donde vamos ni será igual allí de donde nos fuimos. Mi madre siempre dice: "cuando nosotros dos no estemos aquí hijo, estarás solo".

CONCLUSIONES

A lo largo del trabajo he intentado presentar a través de una mirada decolonial como ciertas nociones sobre lo que entendemos por familia sin intentar no contradecirme demasiado tanto en como yo he ido entendido y he ido entendiendo el concepto a lo largo del trabajo. Por otro lado, (re)pensar la soledad no como algo completamente individual que se puede presentar a través de los sentimientos del sujeto, es decir, una percepción subjetiva de los hechos, sino más bien como una realidad objetiva de muchas familias transnacionales migrantes que deben abandonar a sus seres queridos.

Por otro lado, también presentar dicha soledad si bien escasamente admito, como algo más que echar de menos a personas, sino también a lugares, dichos, costumbres, comidas…etc. Puede parecer que esto es simple nostalgia o melancolía, pero dentro de las definiciones que hemos ido viendo sobre soledad, incluso esas que se presentan de forma relativamente cerradas e individuales, pueden usarse para entender que una desconexión y una brecha que no se puede superar a la hora de estar junto a otros.

Intentando estirar el termino de soledad lo más posible para que pueda servir para mirar desde una óptica más sentimental la realidad de las familias migrantes, porque hasta el ojo más ciego puede ver que en efecto las familias transnacionales posiblemente tengan redes de apoyo más débiles que el resto o que efectivamente echan en falta su familia. Pero, entender que sentimientos pueden surgir de dicha situación es para mí uno de los aspectos más relevantes. Claramente cada familia transnacional puede tener diferentes sentimientos con respecto a su situación, y es por ello, que he querido utilizar mi caso y experiencias específicas para ejemplificar la teoría que intento tratar.

Si bien el trabajo no profundiza enormemente en aspectos concretos de la vida transnacional, he intentado recoger los aspectos fundamentales que contribuyen o pueden contribuir a hacernos sentir solos como migrantes.

En definitiva, el trabajo ha intentado unir diversas ramas de la antropología a la vez que explorar la creciente literatura que se está escribiendo desde nuestra disciplina sobre la soledad, imbricando tanto literatura del parentesco, sobre la soledad, la diáspora migrante, celebraciones, la conectividad familiar y social, y la familia transnacional para hablar de un uso de la soledad más amplio a la vez que revelar a partir de mis experiencias personales y de mi familia, como la soledad no es algo que se siente solo, sino que puede sentirse en conjunto.

El trabajo a parte de esto también ha servido como un ejercicio de introspección para entender mis propias experiencias como migrante. El estudio en antropología sobre nuestros sujetos siempre puede volverse personales o surgir de temas personales, pero es una experiencia que dicha investigación esté directamente ligada y no pueda escapar de nuestras propias experiencias y vidas. Espero, por tanto, haber dicho algo sobre la realidad de estar juntos solos.

BIBLIOGRAFÍA

Adams, T.E., Holman Jones, S., & Ellis, C. (Eds.). (2013). Handbook of Autoethnography (1st ed.). Routledge. https://doi.org/10.4324/9781315427812

Aguilar Diaz, R. (2013). Las Familias Transnacionales. *Vox Juris, 25,* 17.

Bernadette Quinn & Theresa Ryan (2018): Events, social connections, place identities and extended families, Journal of Policy Research in Tourism, Leisure and Events, DOI: 10.1080/19407963.2018.1465067

Bianca Brijnath (2009) FAMILIAL BONDS AND BOARDING PASSES: UNDERSTANDING CAREGIVING IN A TRANSNATIONAL CONTEXT, Identities, 16:1, 83-101, DOI: 10.1080/10702890802605836

Bryceson, D. & U. Vuorela (2002), The transnational family: New European frontiers and global networks. New York: Berg.

Carsten, J. (1995). The Substance of Kinship and the Heat of the Hearth: Feeding, Personhood, and Relatedness among Malays in Pulau Langkawi. *American Ethnologist, 22*(2), 223–241. http://www.jstor.org/stable/646700

Coleman, L. (2009). Being Alone Together: From Solidarity to Solitude in Urban Anthropology. *Anthropological Quarterly, 82*(3), 755–777. http://www.jstor.org/stable/20638659

Creese, G., I. Dyck & A. Tiger McLaren (1999), 'Reconstituting the family: Negotiating immigration and settlement', Vancouver Centre of Excellence: Immigration

Diekema, D. A. (1992). Aloneness and Social Form. *Symbolic Interaction*, *15*(4), 481–500. https://doi.org/10.1525/si.1992.15.4.481

Eckersley, S. (2017). Changing Places, Changing People: Critical Heritages of Migration and Belonging. *Anthropological Journal of European Cultures*, *26*(2), 1–5. https://www.jstor.org/stable/26879420

Evelyn, K. (2013). Claiming a Space in the Thought-I-Knew-You-Place: Migrant Domesticity, Diaspora, and Home in Andrea Levy's "Small Island." *South Atlantic Review*, *78*(3/4), 129–149. http://www.jstor.org/stable/43739219

Gerstel, N. (2011). Rethinking Families and Community: The Color, Class, and Centrality of Extended Kin Ties. *Sociological Forum*, *26*(1), 1–20. http://www.jstor.org/stable/23027279

Gozzi, R. (2006). TOGETHER ALONE. *ETC: A Review of General Semantics*, *63*(3), 323–324. http://www.jstor.org/stable/42579888

Hauri, R. (2011). Christmas Celebration, an Annual Family Gathering. In: Jallinoja, R., Widmer, E.D. (eds) Families and Kinship in Contemporary Europe. Palgrave Macmillan Studies in Family and Intimate Life. Palgrave Macmillan, London. https://doi.org/10.1057/9780230307452_4

Jacob Y. Stein & Rivka Tuval-Mashiach (2015) The Social Construction of Loneliness: An Integrative Conceptualization, Journal of Constructivist Psychology, 28:3, 210-227, DOI: 10.1080/10720537.2014.911129

Kathryn O'Sullivan, What is the Family of Law? The Influence of the Nuclear Family, Alan Brown, International Journal of Law, Policy and the Family, Volume 35, Issue 1, 2021, ebaa019, https://doi.org/10.1093/lawfam/ebaa019

KOCH, P. J. (1990). Solitude. *The Journal of Speculative Philosophy*, *4*(3), 181–210. http://www.jstor.org/stable/25669958

Levin, I., & Trost, J. (1992). Understanding the Concept of Family. *Family Relations*, *41*(3), 348–351. https://doi.org/10.2307/585202

Levitt, P., & Schiller, N. G. (2004). Conceptualizing Simultaneity: A Transnational Social Field Perspective on Society. *The International Migration Review*, *38*(3), 1002–1039. http://www.jstor.org/stable/27645424

Working Papers Series

Loretta Baldassar (2007) TRANSNATIONAL FAMILIES AND THE PROVISION OF MORAL AND EMOTIONAL SUPPORT: THE RELATIONSHIP BETWEEN TRUTH AND DISTANCE, Identities, 14:4, 385-409, DOI: 10.1080/10702890701578423

Evergeti, V., & Ryan, L. (2011). Negotiating transnational caring practices among migrant families. In A. Kraler, E. Kofman, M. Kohli, & C. Schmoll (Eds.), *Gender, Generations and the Family in International Migration* (pp. 355–373). Amsterdam University Press. http://www.jstor.org/stable/j.ctt46n1jm.18

Sindberg, L. (2011). Alone All Together- The Conundrum of Music Teacher Isolation and Connectedness. *Bulletin of the Council for Research in Music Education*, *189*, 7–22. https://doi.org/10.5406/bulcouresmusedu.189.0007

Spiro, M. E. (1954). Is the Family Universal? *American Anthropologist*, *56*(5), 839–846. http://www.jstor.org/stable/663816

Tsolidis, G. (2011). Memories of Home: Family in the Diaspora. *Journal of Comparative Family Studies*, *42*(3), 411–420. http://www.jstor.org/stable/41604455

Ozawa-de Silva C, Parsons M. Toward an anthropology of loneliness. Transcultural Psychiatry. 2020;57(5):613-622. doi:10.1177/1363461520961627

Rokach, A., Orzeck, T., Cripps, J., Lackovic-Grgin, K., & Penezic, Z. (2001). The Effects of Culture on the Meaning of Loneliness. *Social Indicators Research*, *53*(1), 17–31. http://www.jstor.org/stable/27526905

Solheim, C., Zaid, S., & Ballard, J. (2016). Ambiguous Loss Experienced by Transnational Mexican Immigrant Families. *Family process*, *55*(2), 338–353. https://doi.org/10.1111/famp.12130 1.

Pablos, E., & Farrera, A. (2018). Familias transnacionales y prácticas sociodigitales en Nueva York. *Norteamérica, 13*. https://doi.org/10.20999/nam.2018.a002

Pike I. L., Crocker R. M. (2020). "My own corner of loneliness": Social isolation and place among Mexican immigrants in Arizona and Turkana pastoralists of Kenya. *Transcultural Psychiatry, 57*(5), 661–672.

YORBURG, B. (1975). The Nuclear and the Extended Family: An Area of Conceptual Confusion. *Journal of Comparative Family Studies*, *6*(1), 5–14. http://www.jstor.org/stable/41600897

Otras referencias

Nauta Hogar, el Internet doméstico en Cuba
https://help.fonoma.com/es/articles/1262275-nauta-hogar-el-internet-domestico-en-cuba

https://www.exteriores.gob.es/Consulados/lahabana/es/Servicios-Consulares/Paginas/index.aspx?scca=Visados&scco=Cuba&scd=166&scs=Visados+Nacionales+-+Visado+de+reagrupaci%-C3%B3n+familiar+en+r%C3%A9gimen+general

Published
in June
2024

Faber & Sapiens